Leserabe

1. Lesestufe



THiLO

# Trixi und die wilden Wikinger

Mit Bildern von Martina Theisen

Ravensburger Buchverlag

Bibliografische Information Der Deutschen Bibliothek:

Die Deutsche Bibliothek verzeichnet diese Publikation
in der Deutschen Nationalbibliografie.
Detaillierte bibliografische Daten sind im Internet
über **http://dnb.ddb.de** abrufbar.

1 2 3 09 08 07

Ravensburger Leserabe

Umschlagbild: Martina Theisen
Umschlagkonzeption: Sabine Reddig
Redaktion: Marion Diwyak
Printed in Germany
ISBN: 978-3-473-36203-5

www.ravensburger.de
www.leserabe.de

# Inhalt

# Ein Streich geht in die Hose

Trixi ist
ein kleines
Wikingermädchen.

Mit 33 wilden Wikingern
wohnt sie in einem Dorf im Norden.

Immer fallen ihr neue Streiche ein.
Im letzten Winter hat Trixi
mitten auf dem Dorfplatz
einen Schneemann gebaut.

Der sah aus wie Lunte,
ihr großer Anführer.

Vor Wut hat er ein Horn
von seinem Helm abgebissen.
Alle anderen Wikinger haben gelacht.

Im Frühling hat Trixi
ihrer zahmen Möwe Snabl heimlich
ein paar Flüche beigebracht.
„Fuchsteufel Lebertran noch mal!“,
krächzte Snabl
beim großen Festschmaus.

Trixis Mutter
hat sich fürchterlich geschämt.
Die anderen Wikinger
haben gelacht.
Jetzt ist Sommer
und Trixi hat wieder
eine witzige Idee.

Mit Snabl auf der Schulter
schleicht sie
zum Drachenschiff.

Mit roten Beeren schminkt sie
dem Drachen einen Kussmund.
Aus Stroh bastelt sie ihm Zöpfe.

„Was für eine süße Drachin!“,
kichert Trixi.
Da ertönt hinter ihr ein Brummen.
Trixi dreht sich um.
Am Strand steht Lunte
mit seinen Wikingern.
Diesmal lacht keiner.

Über ihr Schiff
darf sich niemand lustig machen!
Trixi bekommt eine schlimme Strafe:
Die Wikinger nehmen sie nicht mit
auf die nächste Fahrt übers Meer.

Traurig verkriecht sich Trixi
in ihrem Baumhaus.
Snabl hockt sich neben sie.
Auch er lässt den Kopf hängen.

## Ein guter Plan

Spät am Abend ist Trixi
noch immer im Baumhaus.
Sie liegt in ihrer Hängematte
und schmollt.

Da pickt ihr Snabl auf die Schulter.
„Krah, krah, krah!“,
schnattert die Möwe.

Das Wikingermädchen versteht alles.
Snabl hat ihr nämlich
die Sprache der Vögel beigebracht.

„Du hast wirklich eine Idee?“,
fragt Trixi.
Snabl nickt und lispelt ihr
etwas ins Ohr.

„Fuchsteufel Lebertran noch mal!“,
jubelt Trixi.
„Genau so machen wir es!“

Leise schleichen sie
zu Luntes Haus.

Vor der Tür steht
seine große Seemannskiste.
Jeder Wikinger nimmt darin
das Wichtigste mit an Bord.

Schnell öffnet Trixi den Deckel.
In Luntes Kiste sind ein Schwert,
ein Bärenfell, ein Kuchen
und natürlich warme Socken!

Trixi springt hinein
und klappt die Truhe wieder zu.

„Jetzt müssen wir nur noch warten!“,
flüstert sie im Dunkeln.
Snabl krächzt zustimmend.
Aber warten ist langweilig!
Kein Wunder, dass Trixi einschläft.

## Auf hoher See

Plötzlich wird Trixi wach.

Alles schaukelt und schunkelt.

Geht die Welt unter? Quatsch!

Sie liegt noch immer in der Kiste!

Snabl zieht Luntes Socken zur Seite.
Mit seinem Schnabel macht er
ein winziges Loch in das Holz.
Trixi linst hindurch.

Erst sieht sie nur Luntes Füße,
dann die hohen Wellen.

Sie sind auf dem Meer!
„Hurra!“, kichert Trixi leise.
„Dein Plan hat funktioniert, Snabl!“

Vergnügt teilt Trixi
den Kuchen in zwei Teile.
Die beiden Freunde
sind mächtig hungrig.

Plötzlich wird das Drachenschiff
von einer riesigen Welle
durchgeschüttelt.

Snabl verschluckt vor Schreck
einen Kuchenkrümel.
„Fuchsteufel Lebertran noch mal!“,
flucht die Möwe.

Das war zu laut.
Der Deckel der Kiste
wird aufgerissen.

Die Wikinger starren grimmig
auf die beiden blinden Passagiere.
„Was machst du in meiner Kiste?“,
fragt Lunte sauer.

Schnell versteckt Trixi
den Kuchen hinter ihrem Rücken.

„Ich wollte doch
so gerne mitfahren,
das müsst ihr verstehen!“,
sagt sie.

Und als sie mit Snabl das Lied
von den wilden Wikingern anstimmt,
kann ihr niemand mehr böse sein.
Alle lachen und tanzen fröhlich mit.

Doch dann wird das Schiff
von einem Windstoß erfasst.

Das Segel wird zerfetzt
und alle Ruder fallen ins Meer!

Lunte, der große, starke Wikinger,
ist verzweifelt.
Wie sollen sie jemals
zurück in ihr Dorf kommen?

## Gefiederte Freunde

Stundenlang rätseln die Wikinger,
was sie tun sollen.

Der lange Lulatsch
klappert so laut mit den Zähnen,
dass sich Lunte die Ohren zuhält.

Da setzt sich Snabl
auf Trixis Schulter.
„Krah, krah, krah!“,
ruft die Möwe.

Trixi klatscht begeistert
in die Hände.
„Fuchsteufel Lebertran noch mal!
Genau so machen wir es!“,
ruft das Wikingermädchen.

„Gib nicht so an!“,
jammert Lunte.
„Kein Mensch kann Vögel verstehen.
Wir sind verloren!“

Doch Trixi schüttelt den Kopf.

Als der Sturm vorbei ist,
wirft sie Snabl in die Luft.
Schnell verschwindet die Möwe
zwischen den Wolken.

„Wenigstens Snabl
kann sich retten!“,
seufzt der lange
Lulatsch.

Doch fünf Minuten später
traut er seinen Augen kaum.

Über den Wellen flattert
ein riesiger Schwarm Möwen.
Snabl fliegt vorneweg.

Kurz darauf landen die Möwen
auf dem Deck des Schiffes.

Trixi steigt auf ein Fass
und hält die Hände an den Mund.
„Krah, krah, krah!“,
ruft sie den Vögeln zu.

Die Möwen nicken.
Sie hocken sich auf den Mast
und breiten die Flügel aus.
Der Wind weht ihnen ins Gefieder.
Das Schiff fährt!

Schnell rennt Lunte zum Ruder.
Ruhig fahren sie in ihr Dorf zurück.
Die Frauen und Kinder
empfangen sie jubelnd.

Am Abend steigt ein großes Fest.
Das ganze Dorf singt das Lied
von den wilden Wikingern.
Die Möwen schnattern im Takt dazu.

„Trixi und Snabl leben hoch!“,
brüllen die Männer immer wieder.
Trixis Mutter ist mächtig stolz
auf ihr kleines Wikingermädchen.

Zum Schluss bringt Lunte
seinen Hund Smutje
in den Festsaal.

„Trixi, kannst du ihm
das Fluchen beibringen?“,
fragt er.

Da lachen die Wikinger so laut,
dass plötzlich die Spitze
vom Donnerberg abbricht.
Aber das ist eine andere Geschichte.

**Thilo** verbrachte einen Großteil seiner Kindheit in der elterlichen Buchhandlung zwischen Pippi Langstrumpf und Räuber Hotzenplotz – die optimale Vorbereitung auf die spätere Laufbahn als Kinderbuchautor. Nach dem Studium der Publizistik machte er zunächst mit seiner Kabarettgruppe „Die Motzbrocken" von sich reden. Daneben arbeitete er für Funk und Fernsehen und schrieb u.a. Drehbücher für „Sesamstraße" und „Bibi Blocksberg". Heute lebt er mit seiner Frau und seinen vier Kindern in Mainz. Mehr über THiLO gibt's unter www.thilos-gute-seite.de.

**Martina Theisen**, geboren am Heiligabend 1968 in Fulda, studierte in Mainz Kommunikations-Design mit den Schwerpunkten Fotografie und Illustration.Sie war mehrere Jahre beim SWR Mainz in der Fernsehgrafik tätig, bis sie Ende 2000 einen Illustrationswettbewerb gewann und es sie so nach Berlin verschlug. Neben Schulbüchern hat sie seither zahlreiche Kinderbücher illustriert und lebt nun wieder im Rheinhessischen.

# Leserätsel

**mit dem Leseraben**

Super, du hast das ganze Buch geschafft!
Hast du die Geschichte ganz genau gelesen?
Der Leserabe hat sich ein paar spannende
Rätsel für echte Lese-Detektive ausgedacht.
Mal sehen, ob du die Fragen beantworten kannst.
Wenn nicht, lies einfach noch mal
auf den Seiten nach. Wenn du die richtigen
Antwortbuchstaben in die Kästchen auf Seite 42
eingesetzt hast, bekommst du das Lösungswort.

## Fragen zur Geschichte

**1.** Wer ist Snabl? (Seite 7)

O: Snabl ist einer der 33 wilden Wikinger.

W: Snabl ist Trixis zahme Möwe.

**2.** Warum darf Trixi nicht mit den Wikingern auf die nächste Fahrt? (Seite 9–11)

I : Weil sie das Drachenschiff „verschönert“ hat.

G: Weil sie ein Mädchen ist.

**3.** Was hat Snabl Trixi beigebracht? (Seite 14)

K : Die Sprache der Vögel.

M: Die Geheimnisse der Seefahrt.

**4.** Wo verstecken sich Trixi und Snabl? (Seite 17)

L : In einem leeren Weinfass.

I : In einer großen Seemannskiste.

**5.** Mit wessen Hilfe kommen die Wikinger schließlich zurück ins Dorf? (Seite 33/34)

E : Mithilfe eines Möwen-Schwarms.

G: Mithilfe eines Wals.

## Lösungswort:

| | | | | | | | |
|---|---|---|---|---|---|---|---|
| 1 W | 2 I | 3 K | 4 I | N | G | 5 E | R |

# Rabenpost

Super, alles richtig gemacht! Jetzt wird es Zeit für die RABENPOST.
Schicke dem LESERABEN einfach eine Karte mit dem richtigen Lösungswort. Oder schreib eine E-Mail. Wir verlosen jeden Monat 10 Buchpakete unter den Einsendern!


An den LESERABEN
RABENPOST
Postfach 20 07
88 190 Ravensburg
Deutschland

leserabe@ravensburger.de


Besuch mich doch auf meiner Webseite:
www.leserabe.de

Ravensburger Bücher vom Leserabe

# Leserabe

## 1. Lesestufe für Leseanfänger ab der 1. Klasse

ISBN 978-3-473-**36178**-6

ISBN 978-3-473-**36179**-3

ISBN 978-3-473-**36164**-9

## 2. Lesestufe für Erstleser ab der 2. Klasse

ISBN 978-3-473-**36169**-4

ISBN 978-3-473-**36067**-3

ISBN 978-3-473-**36184**-7

## 3. Lesestufe für Leseprofis ab der 3. Klasse

ISBN 978-3-473-**36177**-9

ISBN 978-3-473-**36186**-1

ISBN 978-3-473-**36188**-5

www.ravensburger.de / www.leserabe.de

Ravensburger

ERZ_06_010